Warum laufen Läufer links herum?

Verblüffende Antworten über Sport und Olympia

velber

Was bedeuten die olympischen Ringe?

Fünf farbige, ineinander verschlungene Ringe sind das Symbol der Olympischen Spiele. Pierre de Coubertin, der Erfinder der Olympischen Spiele der Neuzeit, hat die Ringe selbst entworfen. Das war im Jahr 1913. Die fünf Ringe stellen die fünf Erdteile dar, die durch den Sport verbunden sind: Europa, Asien, Afrika, Amerika, Australien.

Und was bedeuten die Farben? Weit verbreitet ist die Meinung, dass jede Farbe für einen ganz bestimmten Erdteil steht: Rot für Amerika, Gelb für Asien, Schwarz für Afrika, Blau für Europa und Grün für Australien. Pierre de Coubertin hat das nie so gesehen. Er sprach sogar von sechs Farben – und rechnete damit den weißen Untergrund unter den Ringen mit. Diese sechs Farben sollten sämtliche Nationalflaggen aller Länder dieser Welt mit einbeziehen. Alle Erdteile und jedes einzelne Land können sich so in diesem Symbol der fünf Ringe wiederfinden. Keinem Erdteil gehört somit ein spezieller Ring!

Was ist der Unterschied zwischen Olympia und Olympiade?

„Olympia“ und „Olympiade“ sind beides übliche Kurzformen der „Olympischen Spiele“. Ganz richtig ist das allerdings nicht.
Die Olympiade ist streng genommen nur der vierjährige Zeitraum zwischen zwei Olympischen Spielen. Sie beginnt mit den Olympischen Spielen und dauert bis zum Beginn der nächsten Spiele.

Olympia dagegen bezeichnet das Heiligtum des Göttervaters Zeus in Elis. Es war der Austragungsort der antiken Olympischen Spiele, die Zeus zu Ehren ausgetragen wurden. Heute stehen dort nur noch Ruinen der Tempelanlage. Die Siedlung, die rund um das Heiligtum entstand, heißt auch Olympia.

Das Stadion der antiken Olympischen Spiele im griechischen Olympia

Warum brennt bei Olympia immer eine Fackel?

Neben den fünf olympischen Ringen gibt es noch ein zweites Symbol, das untrennbar mit den Spielen verbunden ist: die olympische Fackel. Sie brennt während der ganzen Zeit und wird erst bei der Abschlussfeier gelöscht. Solange das Feuer brennt, sollen die Völker der Erde ihre Streitigkeiten ruhen lassen und friedlich miteinander Sport treiben. Das war die Idee von Pierre de Coubertin, dem Gründer der Olympischen Spiele der Neuzeit.
Das Feuer wird ein paar Monate vor Eröffnung der Spiele im griechischen Olympia entzündet. Die feierliche Zeremonie soll an das antike Griechenland erinnern, als die Spiele zu Ehren des Gottes Zeus ausgetragen wurden. Von Griechenland aus wandert das Feuer in einem Fackellauf von einem Läufer zum anderen bis zum Austragungsort der Olympischen Spiele. Normalerweise sind die Läufer zu Fuß unterwegs. Aber auch Fahrrad, Auto, Kamel, Schiff und viele andere Transportmittel sind möglich.
Der Höhepunkt jeder Eröffnungsfeier ist die Ankunft des olympischen Feuers im Stadion.

Übrigens:
Das Feuer darf nur mithilfe der Sonne angezündet werden: Die Sonnenstrahlen werden in der Mitte eines Hohlspiegels gebündelt. Diese Hitze reicht aus, um das Feuer anzuzünden.

Das olympische Feuer wird mithilfe eines Hohlspiegels entzündet

Waren die alten Griechen beim Sport nackt?

Auf antiken griechischen Bildern fällt eines auf: Die Sportler sind immer nackt. War das wirklich so? Ja, das steckt sogar in dem Wort „Gymnastik“ drin. Denn „gymnos“ bedeutet nackt. Bei allen „gymnischen“ Sportarten, zum Beispiel Laufen oder Diskuswerfen, hatten die Männer keine Kleidung an. Das war nicht immer so. Bei den ersten antiken Spielen, 776 vor Christus, trugen die Sportler noch einen kleinen Lendenschurz. Eine Geschichte erzählt, dass ein Sportler sich diesen Lendenschurz auszog – und gewann. Nun dachten wohl alle, dass man nackt schneller ist, und trugen auch keine Kleidung mehr. Nach einer anderen Geschichte stolperte ein Sportler über seine Kleidung und beschloss, nur noch ohne hinderliche Stoffteile zu laufen. Was nun wirklich stimmt, ist eigentlich egal. Fest steht nur, dass die Griechen von nun an nackt antraten.

Übrigens:
Auf Bildern sind immer nur männliche Sportler zu sehen. Denn Frauen durften bei den antiken Spielen nicht mitmachen!

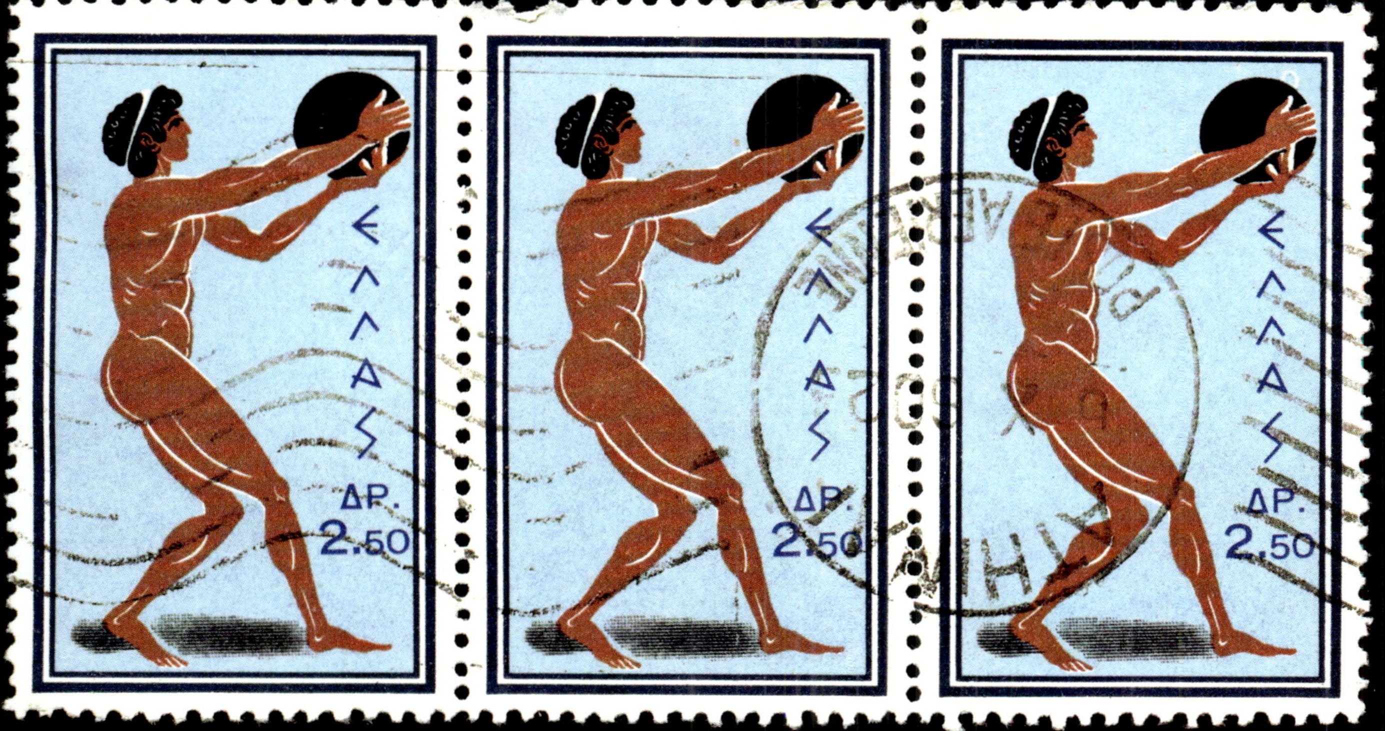
ΕΛΛΑΣ
ΔΡ. 2.50
ΕΛΛΑΣ
ΔΡ. 2.50
ΕΛΛΑΣ
ΔΡ. 2.50

ΕΛΛΑΣ
ΔΡ. 1.50

Wie brutal waren die antiken Spiele?

Bei den Olympischen Spielen ist es vor allem wichtig, dabei sein zu dürfen. Da sind die Sportler alle nett zueinander. So war es schon immer, oder?
Von wegen! Bei den antiken Olympischen Spielen ging es heftig zu. Manche Wettbewerbe waren richtig brutal. Es gab sogar Tote!
Beim Boxkampf zum Beispiel wurde nicht mit Handschuhen gekämpft. Die Boxer trugen nur Lederriemen um die Fäuste. Da flogen so manche Zähne durch die Gegend.
Und beim Ringen durften die Sportler dem Gegner einen Arm umdrehen oder Finger brechen.
Am schlimmsten, aber bei den Zuschauern am beliebtesten, war Pankration, der Allkampf: Ringen, boxen, würgen, Knochen brechen – hier war alles erlaubt. Nur beißen und graben war verboten. Graben bedeutet, dem Gegner mit den Fingern in den Leib zu greifen und seine Organe rauszuholen.

Übrigens:
Kein Wunder bei diesen Regeln, dass es bei den Spielen zu Ehren des Göttervaters Zeus immer wieder zu tödlichen Unfällen kam. So manch ein Allkämpfer verlor, weil sein Gegner ihn schlichtweg erwürgt hatte!

Welche Sportarten gehören zu Olympia?

Bei den antiken Olympischen Spielen gab es zwei Gruppen von Wettbewerben: Pferdesportwettbewerbe, zum Beispiel Galopprennen oder Wagenrennen, und gymnische Disziplinen. Das waren die Wettbewerbe, bei denen die Athleten nackt antraten: Laufen, Fünfkampf und Schwerathletik (Ringkampf, Boxen, Allkampf).
1896 fanden die ersten Olympischen Spiele der Neuzeit statt. Damals standen nur wenige Sportarten auf dem Programm: Leichtathletik, Radsport, Fechten, Kunstturnen, Gewichtheben, Sportschießen, Schwimmen und Ringen. Inzwischen sind über 40 Sportarten olympisch – auch Wintersport gehört nun dazu.

Immer wieder kommen neue Sportarten ins Programm, zum Beispiel Snowboarden oder Beachvolleyball. Andere Sportarten fallen dafür raus: Tauziehen war nur von 1900 bis 1920 olympisch, Steinstoßen nur ein einziges Mal, 1906 in Athen.

Übrigens:
Auch nicht sportliche Disziplinen gehörten manchmal zu Olympia: Um eine Medaille in Malerei und Grafik kämpften Teilnehmer von 1912 bis 1948, um „Dichtung jeder Art“ von 1912 bis 1932!

Die deutschen Tauzieher ziehen bei den Worldgames 2006 an einem Strang

Wann wird ein Amateur zum Profi?

Amateure nennt man die Menschen, die einen Sport nur als Hobby ausüben. Für Profis dagegen ist der Sport ihr Beruf.
Bei den ersten modernen Olympischen Spielen 1896 waren alle Sportler Amateure. Manche Teilnehmer waren einfach Touristen, die gerade Urlaub in Athen machten! Noch bis 1986 galt: Bei Olympia dürfen keine Profis teilnehmen.
Doch es wurde immer schwieriger, diese Regel einzuhalten. Denn wer in einer Sportart richtig gut sein will, braucht viel Zeit zum Trainieren. Das geht kaum, wenn man nebenher noch einen Beruf ausübt. Amateure brauchen daher jemanden, der sie sponsert. Das ist jemand, der ihnen Geld gibt: für die Zeit, in der sie trainieren müssen oder wenn sie am Wettkampf teilnehmen und daher nicht arbeiten können. Wer legt fest, wie viel Geld ein Amateur bekommen darf, bevor er ein Profi ist? Niemand konnte da eine klare Grenze ziehen. Wer heute ein Spitzensportler sein will, kann seinen Sport nicht nur in seiner Freizeit betreiben. Seit 1986 dürfen daher auch Profis bei Olympia teilnehmen.

Übrigens:
Die wenigsten Spitzensportler verdienen viel Geld: Die meisten bekommen gerade mal so viel, dass sie sich das Training und die Wettkämpfe leisten können.

Wer kommt ins Guinness-Buch der Rekorde?

Das Guinness-Buch der Rekorde ist die bedeutendste Sammlung von Rekorden. Hier steht zu lesen, wer der größte Mensch ist, wer das größte Skateboard der Welt gebaut hat, wer die meisten Dominosteine aufgestellt und mit einem Stoß umgeworfen hat und vieles mehr.
Rekorde, die regulär bei Olympia aufgestellt werden, stehen nicht in diesem Buch. Denn in das Buch werden nur Rekorde aufgenommen, die sich jemand selbst ausgedacht hat!
Viele kuriose Rekorde werden nur deshalb aufgestellt, weil jemand unbedingt seinen Namen in diesem Buch lesen möchte.

Sportliche Höchstleistungen, die in diesem Buch stehen, sind zum Beispiel:

- auf einem Pogo-Stick hüpfen (Rekord: 37,18 km)
- auf einem Fuß balancieren (Rekord: 76 Stunden, 40 Minuten)
- auf dem Spielplatz schaukeln (Rekord: 30 Stunden)
- Nonstop-Skifahren (Rekord: 202 Stunden, 1 Minute).

Übrigens:

Das erste Buch wurde 1955 von der Guinness-Brauerei in Auftrag gegeben und in Irland veröffentlicht. Inzwischen wird jedes Jahr ein neues Buch gedruckt. Das Buch selbst hält auch einen Rekord: Kein Buch wird häufiger aus Bibliotheken gestohlen!

Chloe Hegland, 10 Jahre alt, hält den Rekord im Fußball-Jonglieren: 155 Ballkontakte innerhalb von 30 Sekunden!

Warum laufen Läufer im Stadion links herum?

Im Uhrzeigersinn oder gegen den Uhrzeigersinn? Die Leichtathleten haben keine Wahl, sie laufen immer links herum – also gegen den Uhrzeigersinn. Warum eigentlich?
Nicht nur Athleten laufen links herum, auch auf den Pferderennbahnen ist diese Laufrichtung schon seit über 200 Jahren üblich – zumindest in England, dem Mutterland dieses Sports. Und im Pferderennen ist auch der Ursprung dieser Laufrichtung zu sehen. Denn die ersten Rennen „im Kreis herum“ wurden in England nicht in Stadien, sondern auf befahrenen Landstraßen ausgetragen.

Weil in England Linksverkehr herrscht, sind dort Linkskurven sicherer. So laufen die Pferde nicht Gefahr, beim Abbiegen mit dem entgegenkommenden Fuhrwerk zusammenzustoßen. Diese Laufrichtung wurde später auch auf die Pferderennbahnen übertragen.
Als sich der Laufsport entwickelte, rannten die ersten Läufer, da es noch keine eigenen Sportstadien gab, auf Pferderennbahnen – gegen den Uhrzeigersinn. Von England aus verbreitete sich diese Laufrichtung dann über die ganze Welt.

200 Meter Sprint
bei den Olympischen
Spielen 2004 in Athen

Was werfen Hammerwerfer?

Hammerwerfen gehört nicht zu den antiken olympischen Disziplinen. Die Idee, einen Hammer so weit wie möglich zu werfen, stammt aus dem Mittelalter. Aus dieser Zeit sind Wettbewerbe im Weitwerfen eines Schmiedehammers in Irland und Schottland belegt.
Daraus entstand im 19. Jahrhundert der moderne Sport Hammerwerfen: Man warf ein Gewicht, das an einem Holzstiel befestigt war.

Das Wurfgerät, das heute geworfen wird, hat nichts mehr mit einem Hammer zu tun. Es ist eine Eisenkugel, die an einem Stahldraht befestigt ist. Der Sportler hält den Draht an einem Griff fest.
Vor dem Wurf dreht sich der Hammerwerfer mehrfach im Kreis, um Schwung zu holen. Dabei hält er den Griff mit beiden Händen. Dann lässt er den Griff los und schleudert die Kugel so weit weg wie möglich.

Betty Heidler wurde 2007 mit 74,76 Metern Weltmeisterin im Hammerwerfen

Warum macht ein Kopfsprung Sprudel?

Mit einem eleganten Salto taucht der Turmspringer ins Wasser. Unter Wasser zieht er einen Schwarm kleiner Blasen hinter sich her. Das geschieht auch, wenn du einen Bauchklatscher machst oder mit der Hand kräftig auf das Wasser schlägst. Woher kommen diese Blasen?
Das kannst du dir so vorstellen: Wenn du mit der Hand ins Wasser schlägst, ist über deiner Hand ein Luftloch. Denn das Wasser kann nicht schnell genug nachströmen. Du ziehst einen Schlauch Luft hinter dir her. Es dauert einen Moment, bis das Wasser hinterherkommt und über deiner Hand zusammenschlägt. Aber dann ist die Luft schon unter Wasser. In tausenden von kleinen Bläschen kehrt sie nun zurück an die Wasseroberfläche.
Je schneller du aufschlägst, desto größer ist die Blasenmenge. Bei deiner Hand spielt es kaum eine Rolle, aus welcher Höhe sie aufklatscht. Entscheidend ist nur die Geschwindigkeit beim Eintauchen!

Übrigens:
Turmspringer müssen darauf achten, beim Eintauchen möglichst wenig zu spritzen. Sonst gibt es Punktabzug!

Wer hat sich die La-Ola-Welle ausgedacht?

Aufstehen, beide Hände in die Luft reißen, laut johlen und wieder hinsetzen: Wenn alle im Stadion genau der Reihe nach mitmachen, wälzt sich eine La-Ola-Welle über die Ränge. Wer kam eigentlich auf die Idee?
Der Amerikaner George Henderson behauptet, sie am 15. Oktober 1981 dem Publikum als Erster beigebracht zu haben. Aber es gibt auch andere, die die Erfindung der La-Ola-Welle für sich beanspruchen. Sicher ist nur eins: Am 8. August 1984, bei den Olympischen Sommerspielen in den USA, wurde „La Ola" das erste Mal vor internationalem Publikum gezeigt. Seither wälzt sich die Welle durch alle Stadien der Welt.

Übrigens:
„La ola" ist spanisch und heißt die Welle. Und genau wie bei einer Wasserwelle sieht es zwar so aus, als ob sie durch das Stadion wandert. Doch „La Ola" bewegt sich nur auf und ab – wie es auch Wellen auf dem Meer tun.

Welcher Sportler spielt den schnellsten Ball?

Wer kräftig gegen einen Fußball tritt, kann schon mal eine Fensterscheibe einwerfen. Dafür ist vor allem die Härte des Balls zuständig, nicht die Geschwindigkeit. Die beträgt beim Fußball „nur" 140 Stundenkilometer. Immer wieder heißt es, Tischtennis sei eine der schnellsten Sportarten überhaupt. Doch der kleine weiße Ball wird höchstens 180 Stundenkilometer schnell. Das reicht nicht für den Rekord.
Tennis, der sogenannte Weiße Sport, kommt dem Sieger schon recht nahe. Tennisspieler schlagen mit bis zu 230 Stundenkilometern auf. Golfbälle werden, kräftig geschlagen, immerhin 270 Stundenkilometer schnell.
Sieger im Geschwindigkeitswettbewerb ist jedoch ein kleiner, nur fünf Gramm schwerer Ball aus Gänse- oder Entenfedern. Der Federball bei Badminton ist mit Geschwindigkeiten bis 290 Stundenkilometern der schnellste Ball!

Was macht der Schrubber auf dem Eis?

Kennt ihr diesen seltsamen Sport? Zu diesem Wintersport gehören Leute mit Schrubbern: Curling ist seit 1998 olympische Disziplin. Dieser Sport ist in Kanada, Schottland, Skandinavien und der Schweiz sehr beliebt.
Das Spiel ähnelt dem Boulespiel. An einem Ende der Bahn ist ein Zielkreis. Dorthin versuchen die Spieler ihre Curlingsteine, 19,9 Kilogramm schwere Granitsteine, zu schieben. Ziel ist es, am Ende viele eigene Steine möglichst nahe am Zentrum des Kreises zu haben.
Aber was sollen die Schrubber? Die Mitspieler helfen dem Spieler, indem sie schrubbend vor dem Stein herlaufen. Das Schrubben macht das Eis leicht rutschig. Auf dem so entstandenen Wasserfilm gleitet der Stein besser. So können die Schrubber Laufrichtung und Geschwindigkeit des Steins beeinflussen. Wird gut geschrubbt, rutscht ein Curlingstein bis zu fünf Meter weiter als ohne Schrubben!

Übrigens:
Beim Schlittschuhlaufen passiert das Gleiche. Denn auf die Schlittschuhkufen drückt dein ganzes Körpergewicht. Durch diesen Druck schmilzt unter den Kufen etwas Eis. Dadurch entsteht ein hauchdünner Wasserfilm – auf dem du gleiten kannst!

Das Team aus Großbritannien bei den Olympischen Spielen 2006 in Turin

Warum dauert ein Marathon genau 42,195 Kilometer?

Marathon ist ein Ort in Griechenland. Dort fand 490 vor Christus eine Schlacht zwischen Persern und Athenern statt. Die Athener gewannen. Ein Bote der Athener rannte los, um die Nachricht des Sieges ins 40 Kilometer entfernte Athen zu bringen. Bei der Überbringung der Nachricht soll der Bote vor Erschöpfung zusammengebrochen sein. So weit die Legende, die Grundlage für den modernen Marathonlauf.
Heute laufen die Marathon-Läufer genau 42,195 Kilometer. Das war nicht immer so. In den ersten Jahren der neuen Olympischen Spiele wurde die Strecke des Marathonlaufs so angelegt, dass es etwa 40 Kilometer waren.

Erst seit 1921 ist die Entfernung von 42,195 Kilometern genau vorgeschrieben.
Woher kommt diese krumme Zahl? Entspricht das der genauen Entfernung zwischen Marathon und Athen? Nein, das britische Königshaus ist schuld daran! Bei den Olympischen Spielen in London 1908 sollte die Laufstrecke zunächst 42 Kilometer lang sein – vom Schloss Windsor bis ins Stadion. Die Ziellinie wäre dann gegenüber der königlichen Loge gelegen. Queen Alexandra soll protestiert haben. Also wurden noch mal 195 Meter dazugelegt, damit das Ziel direkt vor der Königin war. Und seit 1921 blieb es nun dabei: 42,195 Kilometer zu Ehren der Königin von England.

Warum tut Muskelkater erst am Tag danach weh?

Kennst du das? Am Tag nach dem Sport tut jede Bewegung weh, deine Muskeln sind hart und schmerzen bei jeder Berührung:
Du hast Muskelkater. Das sind kleine Risse, winzige Verletzungen der Fasern in dem Muskel, der sich zu sehr angestrengt hat.
Aber warum tut Muskelkater erst am Tag danach weh? Wenn Muskelfasern reißen, entzündet sich der Muskel an dieser Stelle. An der Entzündung sammelt sich Wasser an. Dieser Vorgang dauert viele Stunden – meist einen ganzen Tag lang. Das Wasser führt dazu, dass die entzündete Stelle, dein überarbeiteter Muskel, anschwillt und hart wird.
Der Muskel wird steif und schmerzt:
Jetzt erst spürst du den Muskelkater!

Warum fahren Radfahrer so dicht hintereinander?

Hast du schon einmal beim Bahnradfahren zugeschaut, zum Beispiel bei der Mannschaftsverfolgung? Vier Fahrer einer Mannschaft fahren dabei in der Radrennbahn ganz dicht hintereinander im Kreis. So dicht, dass sie, wie es bei den Radfahrern heißt, am Hinterrad des Vordermanns lutschen. Das spart viel Kraft! Denn die meiste Kraft wird beim Radfahren benötigt, um den Luftwiderstand zu überwinden. Bei einer Geschwindigkeit von 56 Stundenkilometern sind das sogar 90 Prozent der Energie! Wie viel spart der Radfahrer dadurch, dass er im Windschatten fährt? 35 Prozent. Das heißt, wer dicht hinter einem anderen Radler fährt, spart mehr als ein Drittel seiner Kraft.
Interessanterweise hat sogar der Vordermann noch einen Vorteil vom Windschattenfahren seiner Hinterleute. Das haben genaue Messungen ergeben. Es macht nicht viel aus, aber ein kleines bisschen scheinen die Hinterleute zu schieben.

Übrigens:
Auch Zugvögel müssen bei ihren langen Flügen Kraft sparen. Deswegen fliegen sie in einer Dreiecks-Form und nutzen so den Windschatten des Vordervogels aus!

Das Team der Spanier bei den Bahnrad-Weltmeisterschaften 2007

Warum riecht das Schwimmbad nach Schwimmbad?

Damit das Wasser im Schwimmbad keine krank machenden Keime enthält, wird es desinfiziert. Dafür wird Chlor eingesetzt. Das ist ein weißes Pulver, das sich gut in Wasser löst. Richtig gechlortes, sauberes Wasser riecht nicht! Denn freies Chlor, so die genaue Bezeichnung, ist geruchlos. Es brennt auch nicht in den Augen.
Warum riecht es dann meist im Schwimmbad nach Chlor? Dieser Geruch entsteht erst, wenn das Chlor im Wasser mit organischen Verbindungen in Berührung kommt. Also mit dem, was der Mensch im Wasser zurücklässt – zum Beispiel Urin oder Schweiß. Jetzt verändert sich das Chlor. Es verbindet sich mit dem Urin und wird zu gebundenem Chlor, dem sogenannten Chloramin. Das desinfiziert nicht mehr, es brennt in den Augen – und riecht nach Chlor: Der typische Schwimmbadgeruch ist entstanden.
Merke: Das sauberste Schwimmbad erkennt man daran, dass es nicht nach Schwimmbad riecht!

2

Wo steckt der Stab beim Stabhochsprung?

Hoch hinaus springen die Stabhochspringer. Für einen kurzen Moment scheinen sie sogar in der Luft zu stehen, bevor sie sich drehen und weich auf der Matte landen. Die besten Stabhochspringer der Welt springen über sechs Meter hoch!
So hoch hinauf kommen die Sportler mithilfe eines flexiblen Stabs. Dieser bestand früher aus Bambus. Heute sind die Stäbe aus Fiberglas und lassen sich stark verbiegen, ohne dass sie brechen. Die Springer stechen ihren Stab nicht einfach irgendwo in die Erde. Das gäbe mit der Zeit einen ziemlich durchlöcherten Boden.

Seit 1900 gibt es einen Einstichkasten aus Kunststoff. Der Stab „fällt" in diesen Kasten. Wenn er die hintere Wand des Kastens berührt, wird er gestoppt. Durch den Schwung verbiegt sich der Stab und nimmt beim Sich-wieder-Aufrichten den Athleten mit in die Höhe.

Übrigens:
Die Länge und Härte der Stäbe ist unterschiedlich. Jeder Athlet sucht sich seinen eigenen Stab aus.

DAK
674
Das Erste®

Was ist Doping?

„Ein neuer Dopingfall aufgeflogen!“ Immer wieder gibt es solche Schlagzeilen. Was ist Doping überhaupt, und seit wann gibt es das?
Ein Sportler, der dopt, nimmt Medikamente, die seine sportliche Leistung steigern. Er wird zum Beispiel schneller oder bekommt stärkere Muskeln.
Zum einen ist das unfair gegenüber den anderen Sportlern: Wer dopt, betrügt. Denn er ist nicht wirklich der bessere Sportler, sondern schummelt mit Medikamenten.
Zum anderen ist Doping gefährlich. Denn wie jedes Medikament haben auch Dopingmittel Nebenwirkungen. Der Sportler schadet dadurch seinem Körper. Und diese Schäden kann man oft nicht mehr reparieren! Manche Sportler, die lange gedopt haben, haben anschließend richtig kranke Körper. Aus diesen beiden Gründen ist Doping seit den 60er-Jahren verboten. Wer trotzdem dopt und dabei erwischt wird, wird hart bestraft.

Übrigens:
Doping ist keine Erfindung der Neuzeit. Auch in der Antike versuchten Sportler, mit speziellem „Essen“ stärker zu werden. Offiziell bekannt ist Doping seit dem 19. Jahrhundert. Damals wurden Pferde gedopt.

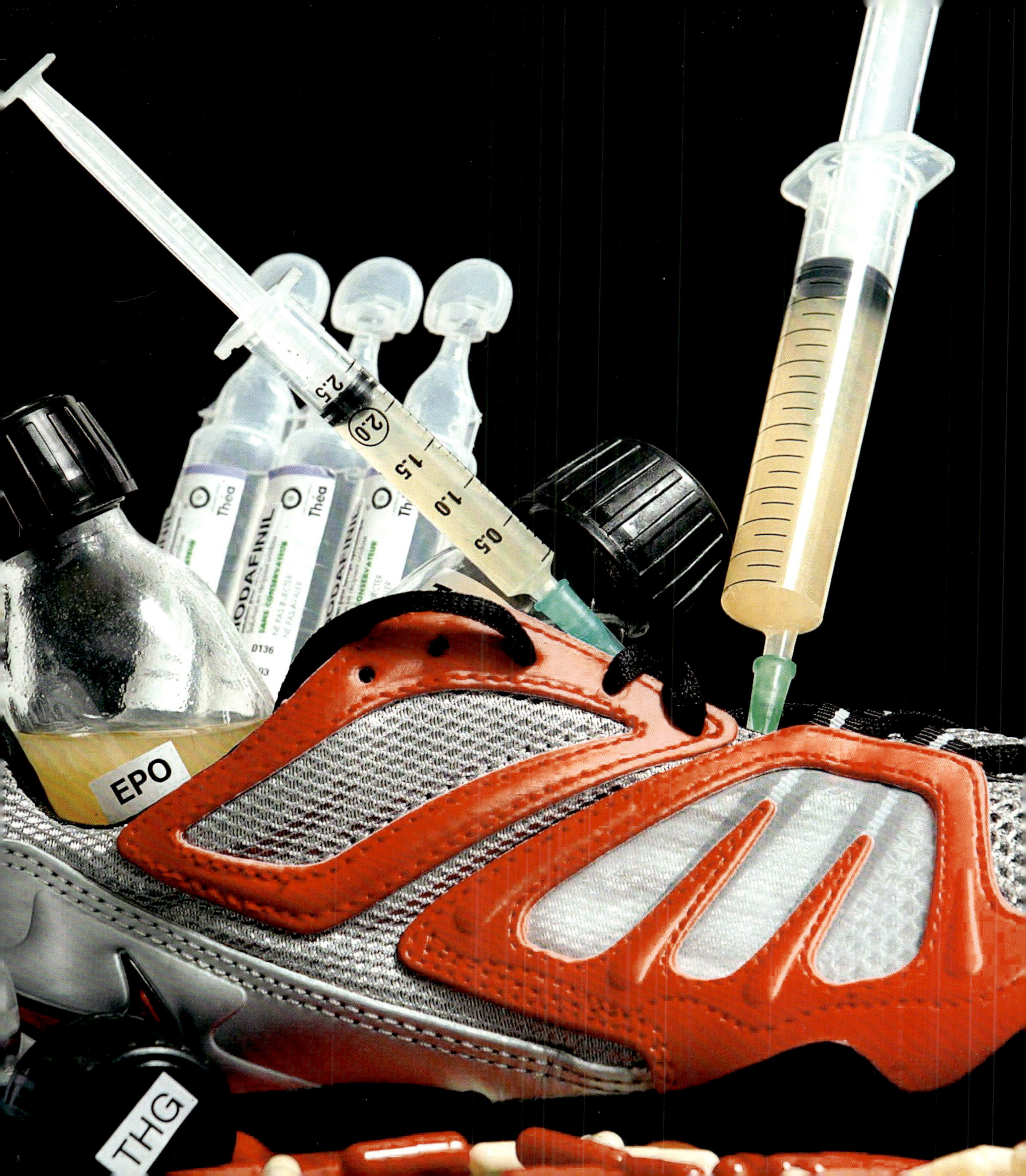
EPO
THG

In der Reihe „Was Kinder wissen wollen“
sind bereits folgende Titel erschienen:

Was wäscht der Waschbär?
Verblüffende Antworten aus der Tierwelt

ISBN 978-3-86613-072-2

Woher kommen Blitz und Donner?
Verblüffende Antworten über Himmel und Erde

ISBN 978-3-86613-073-9

Warum haben wir zehn Zehen?
Verblüffende Antworten über den Körper

ISBN 978-3-86613-200-9

Wie kommen die Streifen in die Zahnpasta?
Verblüffende Antworten aus dem Alltag

ISBN 978-3-86613-201-6

Hatten Dinos Karies?
Verblüffende Antworten über die Saurier

ISBN 978-3-86613-239-9

Woher weiß der Toast, wann er fertig ist?
Verblüffende Antworten aus dem Alltag

ISBN 978-3-86613-240-5

Wie viele Höcker hat ein Kamel?
Verblüffende Antworten aus der Tierwelt

ISBN 978-3-86613-256-6

Wie spült die Klospülung?
Verblüffende Antworten über Technik

ISBN 978-3-86613-257-3

Können Schmetterlinge hören?
Verblüffende Antworten über kleine Tiere

ISBN 978-3-86613-227-6

Was spuckt ein Vulkan?
Verblüffende Antworten über Naturgewalten

ISBN 978-3-86613-228-3

Wo ist im Weltalll oben und unten?
Verblüffende Antworten über den Kosmos

ISBN 978-3-86613-237-5

Warum knallt die Knallerbse?
Verblüffende Antworten über Pflanzen

ISBN 978-3-86613-238-2

Wie kommt der Ritter in die Rüstung?
Verblüffende Antworten über das Mittelalter

ISBN 978-3-86613-270-2

Wie macht die Kuh die Milch?
Verblüffende Antworten über den Bauernhof

ISBN 978-3-86613-269-7

Können Fische rülpsen?
Verblüffende Antworten über das Meer

ISBN 978-3-86613-282-5

Warum hat ein Bagger Zähne?
Verblüffende Antworten über Baustellen

ISBN 978-3-86613-283-2

Warum stinkt der Käse?
Verblüffende Antworten über Essen und Trinken

ISBN 978-3-86613-293-1

Warum tragen Indianer Federn?
Verblüffende Antworten über Indianer

ISBN 978-3-86613-294-8

Wann darf der Lokführer aufs Klo?
Verblüffende Antworten über die Bahn

ISBN 978-3-86613-524-6

Wo beginnt der Regenbogen?
Verblüffende Antworten über Himmel und Erde

ISBN 978-3-86613-507-9

Wie schnell ist die Feuerwehr?
Verblüffende Antworten über die Feuerwehr

ISBN 978-3-86613-523-9

Frieren Pinguine an den Füßen?
Verblüffende Antworten über Eis und Schnee

ISBN 978-3-86613-525-3

Wie kommt der Fisch in die Stäbchen?
Verblüffende Antworten aus dem Alltag

ISBN 978-3-86613-533-8

Warum macht ein Kopfsprung Sprudel?

Wer hat sich
die La-Ola-Welle ausgedacht?

Welcher Sportler spielt
den schnellsten Ball?

Was macht der
Schrubber auf dem Eis?

Warum dauert ein Marathon
genau 42,195 Kilometer?

Warum tut Muskelkater
erst am Tag danach weh?

Warum fahren Radfahrer
so dicht hintereinander?

Warum riecht das Schwimmbad
nach Schwimmbad?

Wo steckt der Stab
beim Stabhochsprung?

Was ist Doping?

Impressum

Band 29 der Reihe
„Was Kinder wissen wollen“
Velber Verlag

Illustrationen: Detlef Kersten
Titelfoto: Imago / Hoch Zwei
Fotos: **Imago:** Sven Simmon (7), Andreas Neumeier (9 o., 11 k, 15), Norbert Schmidt (17), camera 4 (21, 43), Hoch Zwei (23, 39), Ulmer (25), Contrast (27), MIS (29), Ray Giubulo (33), PanoramiC (45); **www.istockphoto.com:** shoozdiva (9 u.), LDF (11 g.), risamay (13), haibeiren (19), Devonyu (31 l.o.), TSchon (31 r.o.), Zie (31 m.), RichVinatge (31 l.u.), Valdecasas (31 r.u.), pictorico (35), LeggNet (37), gertfrik (41)

Text: Ulrike Berger
Redaktion: Ulrike Berger
Layoutentwurf: Christoph von Herrath
Layout: Anja Schmidt
Repro: Meyle+Müller, Pforzheim
Druck: Polygraf

ISBN 978-3-86613-560-4